AF130215

Weitere Titel der Autorin:

Kohlsuppe und Kaviar
  (Gereimtes und ungereimtes Leben)

Über die Autorin

Angelika Trümper, aufgewachsen in Hamburg, wurde in den 1970er Jahren einerseits durch den linken Terror, andererseits durch die Flower-Power-Bewegung geprägt. Seither verfolgt sie die skurrilen Entwicklungen in der Politik und im alltäglichen Leben. Heute engagiert sie sich im Tier- und Umweltschutz.

Bürger

Bosse

Bonmots

Spruch-reifes

aus Politik und Alltag

Impressum:
Copyright 2013 Angelika Trümper
Zeichnungen: A.-K. Trümper
Herstellung und Verlag:
Books on Demand GmbH, Norderstedt
ISBN 9783732261857

Inhalt   Seite

Die hohe Politik

Der Hausstaub ist wahrscheinlich
das einzige Übel,
das sich noch schneller multipliziert
als die Staatsverschuldung.

Fällt dies auch unter die Optimierung des Haushalts?

In Deutschland im Jahre 2013 in der Nacht passiert:

Einbrecher im Haus.

Man wählt panisch den Polizeinotruf 110

und hört – eine Bandansage!!!

„Bitte warten sie.

Der nächste abkömmliche Beamte wird sich

ihres Falles annehmen. Bitte warten sie...“

Schuld- Verschiebung

ca. 600 Millionen €	Euro-Hawk
ca. 800 Millionen €	Elbphilharmonie
ca. 4,5 Milliarden €	Flughafen Berlin Brandenburg
ca. 6,8 Milliarden €	Stuttgart 21

ca. 12,7 Milliarden €
in den Sand gesetzt?   aus Prestige-Denken

Aber nun die Flutkatastrophe.

Weiß die Regierung doch jetzt einmal, wie sie

8 Milliarden € Steuereinnahmen sinnvoll

einsetzen kann.

Politiker zu sein,

ist ein wirklich erstrebenswerter Job:

man kann bedenkenlos

Unsummen von Geld ausgeben,

das man nicht selbst verdienen musste,

und wird dafür auch noch bezahlt!

Entwarnung!

Bei unserem heute angesagten Lebensstil,

geprägt durch Mobbing, Stress,

Lärm- und Reizüberflutung,

Koma-Saufen und Fast Food-Ernährung,

löst sich das Rentenproblem für die

nächsten Generationen ganz von allein...

Ich habe immer

noch nicht verstanden,

wer „die Hartz-IV-Empfänger"

eigentlich sind.

Ist es eine neue Rasse, eine neue Klasse,

oder

einfach eine staatsgelder-verschlingende

und damit überflüssige Masse?

Man könnte ja in diesem Zusammenhang

auch 'mal zusammenrechnen,

wie viel Steuergelder

die Politiker-Klasse verschlingt...

Bedingen denn

Rezession und Arbeitslosigkeit

automatisch nur

größere Klassenunterschiede?

Solidarität, Verständnis und Hilfsbereitschaft

wären angebrachter

und wirkungsvoller.

Mehr Kinder kriegen

sollen die Deutschen,

sagt die Regierung.

Bei unserer heutigen Wirtschaftslage

können sich das aber bald auch nur

noch Regierungsmitglieder leisten...

Jedes 3. Kind im Jahr 2012

in Deutschland ist ein Opfer von

Cyber-Mobbing.

Die Vorstellung, dass 2/3 der Erwachsenen,

die in 20 Jahren in führenden Positionen

in Politik und Wirtschaft arbeiten,

entweder die traumatisierten Opfer

oder die gewissenlosen Täter

dieser hinterhältigen Attacken sind,

ist erschreckend.

Früher waren die Menschen obrigkeits-,
heute sind sie internet-gläubig.
Eine Torheit hat eine andere abgelöst.
Verbessert hat sich nur die Technik.

Modernes Märchen

illionen von Menschen und Tieren wurden durch die Strahlen der Atombombenexplosionen in Hiroshima und Nagasaki getötet.

„Wie wunderbar, diese Kraft!"

staunten die Menschen.

Die Faszination des Unbeherrschbaren ergriff wieder

einmal Wissenschaftler und Politiker in vielen

Ländern der Welt.

„Wir machen uns die Atomkraft untertan!" sagten sie,

„denn wir haben sie schließlich erfunden!"

Begeistert bauten sich die Menschen im Angesicht

 dieser Katastrophe Atomkraftwerke, gewiss,

dass diese fortan ihr Überleben sichern würden.

Auch Sellafield, Tschernobyl, Harrisburg

und Fukushima

konnten ihnen diese Überzeugung nicht rauben.

Sie glauben daran,

dass AKW Leben sichern,

so wie sie glauben,

dass Kriege Frieden bringen.

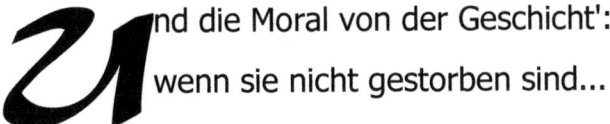nd die Moral von der Geschicht':

wenn sie nicht gestorben sind...

Wie könnte Deutschland heute dastehen,

wenn wir alles zur Verfügung stehende

Geld plus all unserer Ideen, Zeit und Kraft,

in die Entwicklung

alternativer Energiequellen

anstatt in die Bekämpfung

der Atomkraftgegner

investiert hätten?

Zum Jubiläum

10 Jahre Krieg in Afghanistan,

10 Jahre gefallene Soldaten,

10 Jahre ergebnislose Diskussionen,

ob dieser Einsatz sinnvoll ist,

10 Jahre lang mit dem Leben

junger Menschen gespielt,

10 Jahre lang Leben zerstört =

3650 sinnlos vertane Tage!

Die Art, wie nach Aussetzung

der Wehrpflicht

in der Öffentlichkeit geworben wird,

um junge Menschen

für den Dienst in der Bundeswehr

zu begeistern,

erinnert an das Theater damals

um den Kinderstar Shirley Temple.

Sie durfte die Filme zwar drehen,

aber nicht ansehen.

Sie waren nicht jugendfrei.

Kalter Krieg

Die Ruhe nach dem Sturm

ist nicht ungefährlicher.

Es ist die Zeit,

in der neue Gedanken reifen,

neue Kräfte heranwachsen,

neue Wege eingeschlagen werden.

Kurz gesagt:

nach dem Sturm

ist

vor dem Sturm.

„I Have a Dream"*⁾

Wenn man manche führenden Politiker

in der Welt beobachtet,

muss man befürchten,

das mit Martin Luther King

auch der große Traum

für immer

ausgelöscht wurde.

*) Zitat M.L.King aus der Rede am 28 August 1963, im Lincoln Memorial, Washington D.C

Wert - Sachen

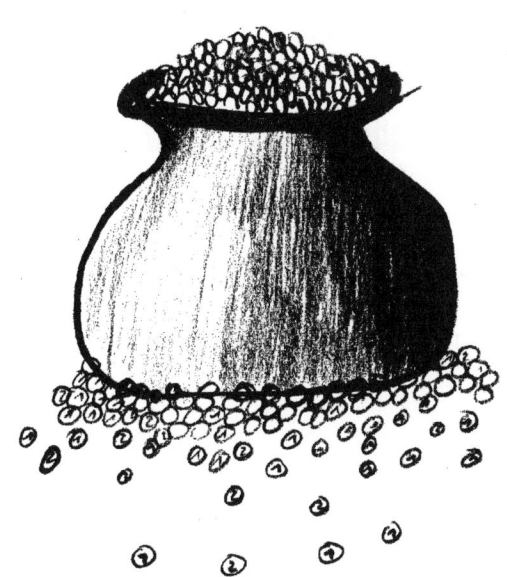

Wir beklagen

den Werteverfall

in Deutschland.

Als wenn Werte

ein Verfallsdatum hätten...

Schön wär's!

Dann läg's nicht an uns.

Wie hilfreich sind doch

diese griffigen neudeutschen Wörter

wie „burn out" oder „mobbing".

Solange wir uns hinter ihnen

verstecken, brauchen

wir uns glücklicherweise

mit veralteten Vokabeln wie

„Respekt", „Anerkennung",

„Würde" und „Freundlichkeit"

nicht mehr auseinanderzusetzen.

„Das tut man nicht!"

Wie oft haben wir Kinder in den 1960er Jahren

diesen inzwischen in Vergessenheit

geratenen Satz gehört.

Gemeint waren damit Dinge wie:

man lügt nicht,

spottet nicht über andere,

schreibt keine anonymen Briefe,

verletzt das Briefgeheimnis nicht,

verprügelt keine Schwächeren,

wirft kein Essen weg.

Vielleicht würde die Wiederbelebung dieser

für tot erklärten Maxime

das Leben in unserer

Einzelkämpfergesellschaft

wieder lebenswerter machen?

Blinder Gehorsam

Trenne nie „st",

denn es tut ihm weh!

Wie viele Schüler sind wegen Verstoßes

gegen dieses eherne Gesetz

von unfähigen Lehrern geschlagen

oder zu lebenslangen Deppen erklärt worden.

Und nun diese geniale Rechtschreibreform!

Mühselig eingepaukte alte Regeln werden,

als falsch und überflüssig erkannt,

eingestampft –

und dafür ebenbürtige Neue erfunden!

Die Einzigen, die davon profitieren,

sind wieder die „Schulmeister"

unter den Pädagogen:

sie finden zahllose neue Opfer.

Nachdem nun die geniale Rechtschreibreform den ersten Schritt zu glücklicheren deutschen Bürgern geebnet hat, sollten wir fortfahren mit einer ebenso sinnreichen Verbesserung der Grammatik.

Als erstes streichen wir den besitz-ergreifenden Genitiv. Damit stoppen wir sofort seinen Machtkampf mit dem Dativ (nebenbei ein Beitrag zur Wertediskussion), und über diese beiden Fälle braucht niemand mehr fallen.

Im letzten Satz wird deutlich, dass der Gebrauch von brauchen durchaus ohne zu brauchbar ist, was das zu auch streichfähig macht.

Genauso überflüssig ist der ja auch kaum noch bekannte Konjunktiv = Wunschform in der heutigen Zeit geworden, denn die oberen zehntausend der Gesellschaft sind schon wunschlos glücklich und für die anderen bleiben – ob mit oder ohne Konjunktiv – doch die meisten Wünsche offen.

Und gleich noch ein Beitrag zur Fortsetzung der Reform der Reform der Rechtschreibreform:

Nachdem wir schon die Hälfte der deutschen Sprache durch vermeintliche Anglizismen ersetzt haben, wie die bemerkenswerten Beispiele Handy, Public Viewing oder outgesourst zeigen, sollten wir auch die Groß- und Kleinschreibung ganz streichen, zumal dies ja – passend zu den allgemein verflachenden Umgangsformen – in der Anrede schon passiert ist.

Wir müssen aber nicht immer nur streichen. Gönnen wir doch dem ebent sein „t" und dem bräuchte seine Tüttelchen, wenn das ebent so beliebt ist.

So könnten wir in Anlehnung an die Rechtschreibreform fortfahren –
oder wollen wir der deutschen Sprache
im einstigen Land der Dichter und Denker
vielleicht doch noch eine Chance geben?

Die Hobby-Ecke

Wie gut, dass das Auto

immer noch

ein Statussymbol

und „des Deutschen liebstes Kind" ist.

Das verhindert vermutlich

mehr Verkehrsunfälle

als die pure Sorge

um Leib und Leben anderer.

Ein Fußball-Fan meinte, es fehle

etwas über diesen schönen Sport

in meinem Buch. Das wäre auch 'mal

ein lustigeres Thema.

Wird gemacht!

Da hätten wir also aktuell

das Stadionverbot und die Strafen gegen

Vereine nach Krawallen und Brandstiftungen

sogenannter Fans;

den Bestechungsskandal bei

den Schiedsrichtern, laufende Meldungen

über burn out, Depressionen

und Suizidgedanken bei Spielern...

Ach nein, ich mach' lieber Schluss

mit lustig!

Warm-up

Einen Bücherfreund

inmitten einer Bibliothek

durchfährt beim Anblick

dieser toten Materie

ein genauso wohlig-warmes Gefühl

wie einen Angler, der,

bis zu den Knien

in glitschig-kaltem Modder stehend,

einen Ruck an der Angel verspürt.

Vor zwanzig Jahren lebten wir in Hamburg
und kamen nun zurück, um uns die vielen
Veränderungen anzusehen:
den Freihafen gibt es nicht mehr,
Teile der alten Speicherstadt sind verkauft und
dafür neue „architektonische Wunderwerke"
entstanden.
Auf der Rückfahrt im Auto sage ich gerade
etwas wehmütig:
„Es ist eben nichts von Dauer,"
als mein Mann abrupt auf die Bremse tritt.
Doch! Eine Konstante gibt es:
den Stau vor dem Elbtunnel...

Wenn Politik auf Medizin trifft

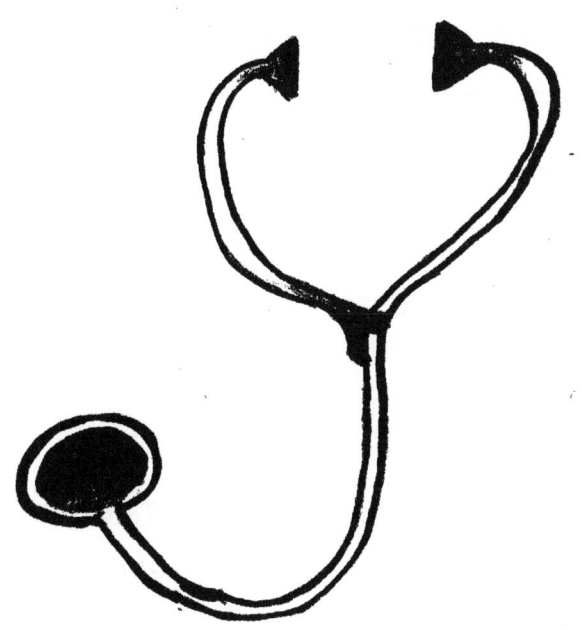

Lauter Dollys

Nachdem wir uns bisher

Pflanzen und Tiere

so formschön, pflegeleicht und

gewinnbringend wie möglich

zurecht gezüchtet haben,

werden wir nun bald die

(wem auch immer ?!) passenden

Menschen zusammen basteln.

Hoffentlich soll diese Meldung

nichts mehr als eine Hommage an

Erich Kästner und sein Gedicht

„Der synthetische Mensch" *) sein.

*) Erich Kästner: Gesammelte Schriften für Erwachsene Bd. 1
Droemer Knaur Verlag

Selten werden Krankheiten so

allgemeinverständlich

betitelt wie ADS =

Aufmerksamkeitsdefizitsyndrom.

Warum tun wir uns also so schwer damit

zu begreifen,

dass wir dieses Defizit nur durch die Gabe

von

    Aufmerksamkeit, Zuwendung und Zeit,

anstatt

    Beruhigungspillen und Computerspielen

ausgleichen können?

Wahrscheinlich, weil uns dieser Einsatz weit

mehr kosten würde...

Burn out – wie wunderbar,

dass in Zeiten der Rezession

so ganz nebenbei

ein neuer Wirtschaftszweig

entstanden ist,

mit dem sich richtig viel Geld

verdienen lässt.

Es hat eben jedes Ding zwei Seiten.

Begreifen wir endlich,

dass wir irgendetwas

falsch machen?

Wenn das Burn-out-Syndrom

schon den Papst ergriffen hatte...

Die Maschinerie läuft.

Vom Ultraschall

zum Röntgen,

vom Röntgen

zum EKG,

vom EKG

zum Labor,

vom Labor

zum MRT.

„Sie müssen noch hierhin!"

„Sie müssen noch dorthin!"

„Setzen Sie sich hin!"

„Stehen Sie wieder auf!"

„Machen Sie sich frei!"

„Ziehen Sie sich an!"

„Danach nächste Tür links,

morgen 1. Stock rechts."

Alle Maschinen funktionieren perfekt.

Ohne Widerspruch,

ohne zeitraubende Nachfragen.

Der einzige Störfaktor bin ich.

Tut mir wirklich leid,

liebe Damen und Herren Doktoren,

dass ich nicht auch

eine Maschine bin...

Zahnärzte arbeiten mit ähnlichen
Werkzeugen wie Bildhauer
und beide versuchen,
ihrem Material die größtmögliche
Formschönheit zu geben.

Nur scheinen leider manche Zahnärzte,
wenn sie mit Meißel, Bohrer und Schleifer
werkeln zu vergessen,
dass sie am lebenden Objekt arbeiten...

„Aufschwung nach unten"

(frei nach Frau Dr. Merkel)

I - Teenie Eltern,
nicht auf das Leben vorbereitet,
überfordert, alleingelassen
in unserer Spaßgesellschaft.

- Alleinerziehende Mütter,
zerrissen zwischen
Gewissens-und Geldnöten,
Kita-Plätze garantiert
auf geduldigem Papier,
im Sozialhilfenetz aufgehängt
statt aufgefangen.

- Babys in Plastiktüten,
Kinder hinter verschlossenen Türen:
verwahrlost, verhungert.

Wie konnte es nur passieren?

II - Alte Menschen in Käfig-Betten,
Demente unter Psychopharmaka,
bettlägerige Senioren
mit unheilbaren Wunden
an Körper und Seele.

- Einsparung von hunderten engagierter
  ehrenamtlicher Helfer
  zum Wohle der zu Betreuenden.
  Gleichzeitiger Einstellungsstopp
  von Fachpersonal und Einführung des
  Zeittaktes von 3x8 Minuten täglich
  zur Pflege und Betreuung eines Menschen.

Was passiert da nur?

III - Pflegenotstand in Krankenhäusern.
  Völlig überlastetes und unterbezahltes
  Personal kündigt in Scharen,
  um eigenen Erkrankungen vorzubeugen.
  Ärzte absolvieren zwei bis drei Schichten
  hintereinander,
  aufstrebender medizinischer Nachwuchs
  zieht die Arbeit im Ausland vor.

Darf so etwas passieren?

Bedenken unsere pensionsberechtigten
1.Klasse-Privat-Minister,
dass sie bei weiterer Missachtung
dieser Zustände
nicht nur mit dem Über-Leben
der Kliniken spielen?

Die wahren Beweggründe

für manche große Taten

berühmter Menschen

möchte ich vermutlich

genauso wenig kennen,

wie den Inhalt dessen,

was sich heutzutage

hinter der Bezeichnung

„Schweinefleisch" verbirgt.

Früher waren wir stolz

auf unser Wirtschaftswunderland.

Heute können wir uns nur

noch über das Wirtschaften

unserer Politiker und

Wirtschaftsbosse

wundern...

Wirtschafts-Wunder-Land

oder: Falsche Versprechungen

Zier	-	Reiz
Reh	-	Her(r)
ein	-	nie
Schlaf	-	falsch
lieb	-	Beil
Leben	-	Nebel
tot	-	tot

Gedanken zu:

Ackermann, Bell, Koelges: verkauft, versklavt, zum Sex gezwungen.
Das große Geschäft mit der Ware Frau.
Kösel, ISBN 3-466-30691-4

Flora und Fauna

Zeitungen melden,
dass Wissenschaftler endlich
die entscheidenden Unterschiede
zwischen Menschenaffen und Menschen entdeckt haben,
deren Gene doch zu so hoher Prozentzahl übereinstimmen:

den Affen fehlt
die Gabe der sozialen Nachahmung
und die Verfeinerung der Sprache.
Fazit: ohne die Hilfe von Menschen
werden sie in Kürze ausgestorben sein.

Netter Versuch,
von der Realität abzulenken,
dass den Affen
nichts zum Überleben fehlt,
außer dem, was wir Menschen
ihnen genommen haben.

PS. Das *einzige* Lebewesen,
das ohne die Hilfe von Menschen
nicht überleben kann,
ist *der Mensch.*

Frühling!

Das Wiedererwachen der Natur,

dieses frische Grün,

die zarten Blüten,

die zauberhaften Farben –

das müsste doch in uns

das Gefühl wecken,

diese Erde

pflegen und schützen zu wollen

wie ein neugeborenes Baby –

anstatt sie zu zerstören!

Jäh reißt mich mein Gegenüber

aus meinen Gedanken:

„Babys treiben wir ja auch ab!"

Intelligenz-Bestien

Der Mensch ist das intelligenteste Lebewesen?

K e i n e andere Art arbeitet wie er

mit Vehemenz daran,

den eigenen Lebensraum und sich selbst

zu vernichten.

Ist er eher das dümmste...?

Wann werden wir endlich begreifen,

dass wir nicht Herrscher über

die Natur,

sondern nur Gäste

auf dieser faszinierenden

Erde sind,

die ohne unser Eingreifen

hundertprozentig funktionierte?!

Nicht nur für sonntags...

Im Gegensatz zu manch anderen Religionen

glauben wir Christen ja alle

an den einen, gleichen Gott. –

Auf dem Weg zum Gottesdienst

fahre ich in unserer Kleinstadt

an einer evangelischen Kirche, dann

einer Freikirche, dem katholischen Gotteshaus,

dem Königreichsaal der Zeugen Jehovas und

der Neuapostolischen Kirche vorbei, bis ich bei

der Baptistengemeinde ankomme.

Einigkeit ist eben nicht der Menschen Stärke...

An den Vatikan...

Die Päpste waren schon in Amerika,
Spanien, Polen, Deutschland, Südamerika...
Wann kommt einer von ihnen auch zu uns?
Wir freuen uns auf baldige Antwort!

die Ehe   die Armut
die Pfarrerinnen

Sakko und Hose

DIE OPFER

die Scheidung

die Einsicht

die Ökumene

das 21. Jahrhundert   der Frohsinn

Aufgeschnappt

Am Kirchenschiff wird
ein Banner gespannt:

„Gott ist da, wo Menschen leben.“

Kommentar einiger Jugendlicher:
„Das ist doch Quatsch,
in der Kirche lebt doch keiner“...

Weih – nacht

Wem ist sie denn geweiht?
Man traut sich gar nicht mehr,
diese Frage zu stellen.

Außerdem ist sie auch
grammatikalisch falsch,

denn Tablet, Barbie-Puppenhaus,
Fernlenkauto und iPod
sind ja sächlich...

Verordnete Weihnacht

Weihnachts - einkäufe

Weihnachts - geschenke

Weihnachts - verpackungen

Weihnachts - märkte

Weihnachts - baum

Weihnachts - kerzen

Weihnachts - sterne

Weihnachts - schmuck

Weihnachts - musik

Weihnachts - feiern

Weihnachts - basteln

Weihnachts - aufführungen

Weihnachts - kekse

Weihnachts - braten

Weihnachts - mann

Weihnachts - gäste

Weihnachts - stimmung

Weihnachts - **burn out?**

Liebe, Lust und Frust

Gefühle kennen, lieben, hassen
können, wieder gehen lassen,
atmen, spüren, sich vergessen,
festhalten - und nichts besessen.
Liebe heißt das Zauberwort -
und wieder weht der Wind sie fort.

Kuss

So zärtlich
liebevoll
süß

verboten
erzwungen
gestohlen

vergebend
versöhnend
verzeihend

rassig
feurig
stürmisch

verlegen
schüchtern
flüchtig

Verhängnis
Verrat
Versuch

Fluch?

Kuss.

Manche Paare,

die man im Café sitzen sieht,

unterhalten sich zu zweit

weitaus schlechter

als ich mich

mit mir allein.

Zwei ehemalige Freundinnen

treffen sich nach Jahren wieder.

Die eine beklagt sich

über ihren Mann.

„ Na ja, nach zwanzig

Jahren Ehe gibt's sicher einiges,

was einen wundert," sagt die andere.

„*30* Jahre sind wir verheiratet!"

„Und da wunderst Du Dich noch

über irgendetwas?"

LEBEN

Die warmen Sonnenstrahlen auf der Haut.

Der blaue Himmel, die braune Erde –

und du mittendrin.

Nicht da-zwischen, kein Fremdkörper.

Ganz umfangen, eingebettet, ein Teil des Ganzen.

Aufgesogen vom Grün der Blätter,

eingeatmet vom Blau des Meeres.

Einfach da sein. Einfach leben. Jetzt.

Leben - und leben lassen

„Jeder braucht eine 2. Chance"...

„Übung macht den Meister!" –

sagen wir,

wenn etwas nicht geklappt hat.

Nur das Schwierigste,

 – das Leben – ,

soll uns auf Anhieb gelingen.

Ein Grund für die so unterschiedlichen

Lebensentwürfe von Menschen

liegt sicherlich darin,

dass manche allein die Tatsache,

dass sie geboren wurden,

als Chance ansehen,

andere als Strafe.

Mensch muss Mensch bleiben

Ich dachte immer,
ein Mensch ist ein Mensch,
und das Wichtigste wäre:
wer Mensch ist – bleibt Mensch!

Doch es sind andere Dinge, die man heute zählt.
Der „Mensch" gilt nichts mehr in unserer Welt.

Ich bin ein User, ein Mandant, ein Antragsteller,
ein Macho, ein Weichei, ein Intellektueller,
'ne Nummer im Computer, gezählt und angepasst,
Mr. Nobody – wer fragt, ob mir das passt?

Ich dachte immer,
man sollte freundlich sein;
aufeinander zugeh'n,
keiner wär' gern allein.

Doch auf Gefühle sind Computer nicht programmiert.
Wen kümmert's, wer in dieser Cyber-World erfriert?

Ich bin ein Redner, ein Schreier, ein Demonstrant,
mach die Schublade auf – schon bin ich erkannt.
Ich bin ein Teufel, ein Engel – nur ich frag mich:
bin ich Mensch, bin ich ich – wer eigentlich?

Manche Kränkungen entstehen
nicht durch real niedere Taten,
sondern durch irreal hohe
Erwartungen.

Wenn irgendwo

etwas brodelt –

sollte man es

nicht überkochen lassen.

Tratschen ist wahrscheinlich
ein ähnliches Ventil
wie Tagebuchschreiben.
Der fatale Unterschied ist nur,
dass man die überflüssigen Aussagen
nicht einfach wieder
auslöschen kann.

In einem Psychologiebuch wurde

die Frage aufgeworfen:

warum verletzen wir gerade

die Menschen am meisten,

die wir lieben?

Ganz einfach: weil dort

die Trefferquote am höchsten ist,

wenn man mal ein schnelles

Erfolgserlebnis haben will.

Sicher habe ich Freunde,

deren Zuneigung

und Loyalität

ich mir gewiss bin –

meine Hunde.

Junge Menschen balgen sich,
Welpen balgen sich.

Der Unterschied in ihrem Verhalten ist,
dass die Tiere, wenn sie gut sozialisiert sind,
spätestens mit sechs Monaten begriffen haben,
wo die Schmerzgrenze des Gegenübers ist,
die danach nur noch
zur Verteidigung des eigenen Lebens
übertreten wird.

Auch Nachtreten kennen sie nicht.

Man sagt, Kinder spiegeln

die Erwachsenen.

Wahrscheinlich werden viele

schon geprägt

von dem Scherbenhaufen,

in den sie da sehen...

Babys sind manchmal richtige Plagegeister.

Sie schreien, wenn Ruhe geboten wäre,

benehmen sich nicht wie angebracht,

wollen immer das,

was sie gerade nicht haben sollen,

können sich nicht verständlich ausdrücken,

hören oft nicht richtig zu.

Im Grunde benehmen sie sich also schon

wie Erwachsene...

Gedankenverloren sitzt meine 11jährige Nichte in ihrem Zimmer.

„Ach, was waren das für schöne Zeiten, als man noch vom Märchenprinzen träumte," geht es mir durch den Kopf, als ich sie frage: „Na, woran denkst du denn?"

„An meine X-Box!" ist die ernüchternde Antwort im Sommer 2012.

Paradox!
Im www ist man mit der
ganzen Welt verbunden.
Aber jeder für sich allein.

Das coole neudeutsche Wort

„follower"

könnte häufig durch

das altbekannte Wort

„Lemminge"

ersetzt werden.

Wie gut, das fast zeitgleich

mit dem Verbot des Rauchens

in öffentlichen Einrichtungen

das iPhone erfunden wurde.

Das Problem:

„Wo bleib´ ich nur mit meinen Händen?",

ist nun topoptimal gelöst.

Wir sollten öfter

über den Tellerrand

hinaussehen –

aber nicht nur,

um zu gucken,

ob der Nachbar wohl

eine größere Portion

abbekommen hat.

Früher dachte ich,

Einzelgänger und Eremiten

seien verschroben und eigensinnig.

Heute bewundere ich jeden,

der in unserer karriere-orientierten

Einzelkämpfergesellschaft

nicht zum Eremiten wird.

Die Zeit läuft...

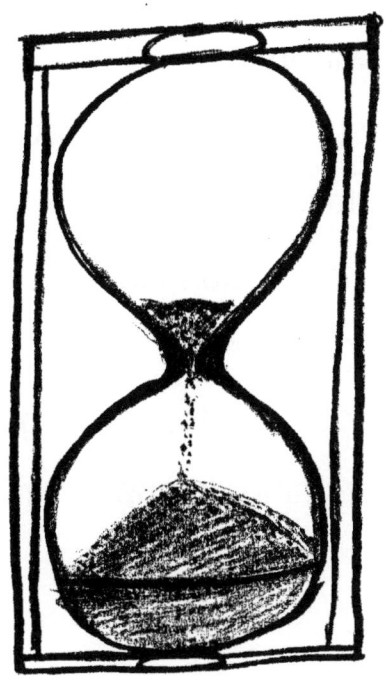

Je länger wir auf dieser Erde leben,

desto selbstverständlicher glauben wir,

hier einen festen Platz

beanspruchen zu können,

anstatt zu realisieren,

dass mit jeder Minute, die vergeht,

dieser Platz immer knapper wird...

Lange habe ich nichts mehr geschrieben.

Ich hatte keine Zeit dazu. Keine Zeit?

Nicht 'mal mehr für mein Hobby?

Keine Zeit. Damit wird heute alles entschuldigt.

Frühe hatte man doch mehr Zeit?

Frei-zeit – Frei-heit ?

Wie gehen wir mit unserer Zeit um?

Wie füllen wir sie?

Darüber denken wir oft gar nicht mehr nach.

Wahrscheinlich fehlt uns die Zeit dazu?

Irgendwann haben wir alle einmal Zeit –

viel Zeit.

Und wenn man dann nachdenkt, zurückdenkt...

Vielleicht tut man es dann besser nicht.

Die Zeit,
dieses nicht greifbare Phänomen,
dass wir weder sehen, hören
noch fühlen können,
und das doch unser Leben bestimmt;

dieses faszinierende Nichts,
das nicht beeinflussbar ist,
und das doch permanent
unser Denken, Fühlen und Handeln manipuliert;

dieses unsichtbare Monster,
das schöne Stunden verschlingt
und schmerzvolle ins Unendliche verlängert.

Die Zeit,
wir leben mit ihr,
wir kämpfen mit ihr –
und manchmal lieben wir sie sogar.

Der Regen zerrinnt

an der Fensterscheibe

wie die Zeit

durch meine Hände.

Wohin?

Manche Menschen planen

ihre eigene Beerdigung

mit einer Akribie,

suchen nach dem komfortabelsten Sarg

und der wettergeschütztesten Grabstelle,

als fürchteten sie

angesichts des Todes

um Leib und Leben.

Zum Abschluss –

die Hoffnung auf einen
Neuanfang!

Mutmachlied oder

Es ist nie zu spät

Melodie der ersten drei Strophen nach dem Volkslied:
Bolle reiste jüngst zu Pfingsten *)...,dann nach Gefühl

I

Kardus reiste nach Italien,
Vatikanstaat war sein Ziel.
Er könnte Chef dort werden,
das sagt' ihm sein Gefühl.
Von 1000en von Menschen
umjubelt und verehrt!
ll: „Jawoll," sagte sich Kardus,
„das wär' doch nicht verkehrt!" :ll

Man kleidet ihn in Purpur,
in Seide und in Samt.
Nur das sei angemessen
in seinem neuen Stand.
Den güld'nen Ring am Finger,
die Krone auf dem Haupt –
ll: das hätt' der liebe Kardus
fast selber nicht geglaubt! :ll

Ein Leben 1. Klasse
in Prunk und Herrlichkeit!
Die Dienerschaft ist rege
und alle Sorgen weit.
„Zum Wohl dir, meine Kirche,
bin ich nun abgesandt.
ll: Das Wohl der'r , die mir glauben,
liegt fest in meiner Hand!" :ll

II

„Nur wenn ich manchmal abends
in meine Bibel seh',
dann tut mir doch mein Herze
schon mal ein bisschen weh.
Denn da steht' was von Jesus
– von einem armen Mann –
ob man doch nur durch Liebe
etwas bewirken kann?

Er predigte im Freien,
musste durch Wüsten geh'n.
Doch auf jedem seiner Wege
hat er Gott selbst geseh'n.
Er lebte bei den Armen,
half Kranken aus der Not
und ging für dich und mich
– die Menschen – in den Tod.

Ich lese nichts von Purpur,
von Prunk – nur Herrlichkeit.
Doch was sie Ihm bedeutet,
davon sind wir noch weit".
Die Kirche re-novieren,
zurück auf Gottes Wort,
und Jesus nachzufolgen,
allein das täte Not.

*)Lt. Mundorgel: Worte u. Weise mdl. überliefert